ごっこあそびをもっと楽しく！

食べ物
せいさくレシピ
150

食材写真ダウンロード

リボングラス／編著

ごっこあそびをもっと楽しく！
食べ物せいさくレシピ150

食材写真ダウンロード

もくじ

- 巻頭とじ込み
  写真で見るメニュー資料
- この本の使い方……… 4

食材編 ……… 5

- 新聞紙で作る 野菜・果物 …… 6
- 新聞紙＋フラワー紙で作る 野菜 …… 12
- 紙粘土で作る 果物 …… 14
- フラワー紙で作る 果物 …… 15
- 写真データで作る 本物そっくり食材 …… 16

メニュー編 ……… 21

- パン …… 22
- ケーキ …… 28
- ドーナツ …… 35
- クッキー・チョコレート …… 36
- 総菜 …… 38
- レストランメニュー …… 40
- ラーメン・中国料理 …… 44
- そば …… 46

作って売るお店 ……… 47

- 回転ずし屋さん1 ……48
- 回転ずし屋さん2 ……52
- うどん屋さん ……56
- ファストフード ……60
- 屋台・焼きそば ……62
- 屋台・イカ焼き＆トウモロコシ焼き ……64
- たこ焼き屋さん ……66
- コッペパン屋さん ……68
- かき氷屋さん ……72
- ジュース屋さん ……74
- アイスクリーム屋さん ……76
- たい焼き屋さん ……80
- ホットドッグ屋さん ……82
- シュークリーム屋さん ……83
- クレープ屋さん ……84
- ポップコーン屋さん ……86

ごっこあそびグッズ ……… 87

- レジスター ……88
- 財布＆お金・カード ……90
- ユニフォーム ……92
- お店 ……94

この本は「ピコロ」2014年5月号から2019年11月号までに掲載された記事を基に、加筆・再構成したものです。

この本の使い方

この本では、ごっこあそびに使える150の製作アイディアを、食材やメニューなどの4つのカテゴリーに分けて紹介しています。
ダウンロードできるデータもついています。
※ダウンロードサイトへのアクセスは16ページで解説しています。

引き出し線を付け、作り方や素材を表記しています。

各見開きの右上には、インデックスを表示して、目的のページをすぐ見つけられるようにしています。

イラストで作り方を解説しているものは、「作り方あり」マークが付いています。

 安全に関する注意事項

- 本書で紹介する製作物は、保育者の下で使用することを想定しています。
  特に口に入る大きさの材料を使用するときは、誤飲に注意し、必ずそばで見守ってください。
- 製作物を使用する前に、破損・変形・汚れなどがないか確認し、異常があったら使用しないでください。
- 長い紐状のものを使用するときは、手指や身体に巻きつかないように注意してください。
- 絵の具・でんぷんのり、植物など、直接手で触るものや食品を扱うときは、必ずアレルギーの有無を確認してください。
  また、紙パックなどの食品用の容器を使用するときは、よく水で洗い、乾かしてから使用してください。
- ポリ袋や気泡緩衝材などを頭からかぶったり、顔を覆ったりしないよう見守ってください。
- 割り箸やストローなどを持ったまま走り回ったり、振り回したりしないよう注意してください。
- モールを使用する際は、針先が出ていないか確認して使用してください。
- ユニフォームなど身に着けるものは、首周りに気を付けて着用してください。

食材編

身近な素材で作れる野菜や果物、写真データを印刷して本物みたいに作れる肉や魚など、いろいろな食材の作り方を紹介します。

新聞紙で作る 野菜・果物

新聞紙は、破いたり、丸めたりしやすく、いろいろな形のベースを作るのにとっても便利な素材です。野菜や果物の特徴を表現できるさまざまな素材と新聞紙を組み合わせて、本物のような食材を作ってみましょう。

キャベツ

色画用紙は手でもんでしわを付けると、葉っぱらしく見えます。

- 丸めた新聞紙にちぎった色紙をはった物
- しわを付けた色画用紙

タマネギ 作り方あり

新聞紙を丸めた物に、色画用紙を包むようにしてはっていきます。

トマト

ラップで包むとトマトのみずみずしさを出すことができます。

- 色画用紙
- 丸めた新聞紙を色画用紙で包み、さらにラップで包んだ物

タマネギ
① 丸めた新聞紙 ← しわを付けた色画用紙 包むようにしてはる ※同様にあと2枚はる
② ← しわを付けた色画用紙 包むようにしてはる ※同様にあと2枚はる

食材編

シイタケ

フラワー紙で包んで、シイタケの質感を表現しました。

軸の先を切り込んでから開くと、かさにしっかり接着できます。

シイタケ
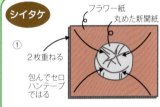

① 2枚重ねる / フラワー紙 / 丸めた新聞紙 / 包んでセロハンテープではる

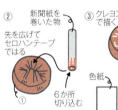

② 新聞紙を巻いた物 / 先を広げてセロハンテープではる / 6か所切り込む
③ クレヨンで描く / 色紙 / 巻いてはる

- 手でもんで、しわを付けた色画用紙
- クレヨンで描く

ニンジン

絵の具を塗る代わりに、色紙などをはってもいいですね。

- 丸めた新聞紙に絵の具を塗った物

ネギ

新聞紙の大きさを生かして、長〜いネギを作ります。

ネギ
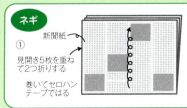

① 新聞紙 / 見開き5枚を重ねて2つ折りする / 巻いてセロハンテープではる

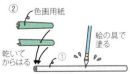

② 色画用紙 / 乾いてからはる / 絵の具で塗る

新聞紙で作る 野菜・果物

サツマイモ 作り方あり

色画用紙に絵の具をつけて、とれたてのサツマイモらしくしました。

トウモロコシA 作り方あり

気泡緩衝材の中に丸めた新聞紙を入れて形を作ります。

気泡緩衝材のぷちぷちを着色して、粒に見立てます。

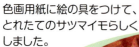

スポンジに絵の具をつけて、軽くたたくように押します。

サツマイモ

① 丸めたり、もんだりして柔らかくした色画用紙　丸めた新聞紙　包んで形を整える

② スポンジ　絵の具に浸してから押す　少量の水で溶いた絵の具　絞ってセロハンテープで巻き留める

トウモロコシA

① 気泡緩衝材(凸凹の面)　顔料フェルトペンで塗る　中に入れる　丸めた新聞紙をフラワー紙で包んだ物　端をまとめてはり袋状にする

② 着色した気泡緩衝材　挟んでから口をまとめてはる　巻くようにしてはる　クレープ紙

※接着にはセロハンテープを使う

食材編

ミカン

光沢のあるつや紙で新聞紙を包んで、ミカンの皮のつやつやかな感じを出しました。

- 色画用紙
- 丸めた新聞紙をつや紙で包んだ物
- 油性ペンで描く

トウモロコシB 作り方あり

パッキングネットの中に、丸めた新聞紙を網目が広がるくらい詰めます。

イチゴ

油性ペンで粒を描くとイチゴらしく見えます。

- 色画用紙
- 丸めた新聞紙をつや紙で包んだ物
- 油性ペンで描く

バナナ

新聞紙なら細長い形を作るのも簡単。端は色画用紙で巻き留めました。

- 色画用紙を巻く
- 丸めた新聞紙をつや紙で包んだ物

トウモロコシB
① 丸めた新聞紙 / パッキングネット / 巻いてはる
② 裂いたすずらんテープ / 端をまとめてはる / 中にはり、口を絞ってはる / 中に入れてはる / クレヨンで描く / 折り潰して切る / 紙芯
※接着にはセロハンテープを使う

新聞紙で作る 野菜・果物

リンゴA 作り方あり

紙芯に新聞紙で肉付けした後、障子紙で包みます。障子紙のしわの寄った所にも絵の具が染み込み、発色のよいリンゴになります。

リンゴの軸を持ち、向きを変えながら、全体に色を塗っていきます。

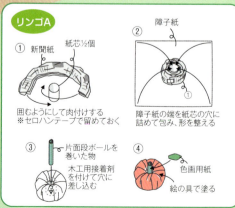

リンゴA
① 新聞紙 / 紙芯½個
囲むようにして肉付けする
※セロハンテープで留めておく

② 障子紙
障子紙の端を紙芯の穴に詰めて包み、形を整える

③ 片面段ボールを巻いた物
木工用接着剤を付けて穴に差し込む

④ 色画用紙
絵の具で塗る

色画用紙にクレヨンで点々や筋などを描いて、リンゴの皮を表現しました。

丸めた新聞紙をフラワー紙で包んだリンゴに、クレヨンで描いた色画用紙の皮を、丸みに沿わせてはっていきます。

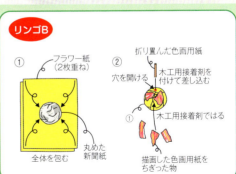

新聞紙＋フラワー紙で作る

野菜

丸めたり、細長くしたりして、野菜の形にした新聞紙に、フラワー紙をはり重ねると、本物そっくりのナス、トマト、キュウリが作れます。

ナス

色画用紙

ベースに使う新聞紙は、もんだり、丸めたりしてから使うと、形を作りやすくなります。

スポンジを使って、スタンプするようにフラワー紙をはっていきます。凸凹の面にもしっかり接着することができます。

トマト 作り方あり

トマト

① 液に浸したスポンジを押してはる
　フラワー紙
　スポンジ
　のりの液（でんぷんのりを水で溶いた物）
　丸めた新聞紙

② フェルトペンで描く
　色画用紙
　①を乾かした物

※ナスとキュウリも同様に作る

紙粘土で作る果物

丸めたり、伸ばしたりして、いろいろな形が作れる紙粘土。柔らかいうちに絵の具を練り込んで色をつけたり、乾いた後で色を塗ったりできます。

サクランボ（作り方あり）

絵の具を練り込んだ紙粘土をころころ丸めて、モールを付けました。絵の具の量や練り加減で、いろいろな色のサクランボが作れます。

サクランボ

① 紙粘土に絵の具を混ぜてよく練った物　→　適量を取り、丸める　2個作る

② モール　色画用紙　粘土が乾く前に木工用接着剤を付けて差し込む

フラワー紙で作る 果物

食材編

フラワー紙はとても薄くて、丸めたり、詰めたりしやすい素材です。色数も豊富にそろっているので、果物作りにも便利です。

ブドウ
作り方あり

フラワー紙を丸めたブドウの粒を、クリームの絞り袋に詰めました。

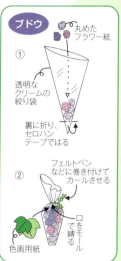

カキ
作り方あり

色紙にフラワー紙を載せて優しく包み、ふっくらした実にしました。

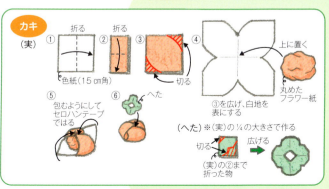

写真データで作る 本物そっくり食材

ダウンロードした写真データを印刷して、お店に並んでいるようなリアルな食材を作ることができます。

写真データを印刷しよう

17～18ページに掲載されている食材写真のデータは、専用のWebサイトからダウンロードすることができます。ダウンロードした写真データを印刷して、本物そっくりな食材を作ってみましょう。

① パソコンのブラウザーを立ち上げ、下記のダウンロードページにアクセスします。

https://www.hoikucan.jp/book/tabemono_seisaku/

二次元コードからも！

② ダウンロードの方法についてはWebサイトをご覧ください。

③ ダウンロードした写真（PDFファイル）を印刷します。

※ファイルはすべてA4サイズです。実際の食材と同じくらいの大きさでプリントできます。

ダウンロードコンテンツの使用の許諾と禁止事項
- 弊社はサイトからダウンロードしたデータのすべての著作権を管理しています。
- 弊社はサイトからダウンロードしたデータの使用により発生した直接的、間接的または波及効果による、いかなる損害や事態に対しても、一切の責任を負わないものとします。
- サイトからダウンロードしたデータは、この本をご購入された個人または法人・団体が、その私的利用範囲内で使用することができます。
- 営利を目的とした利用や、不特定多数の方に向けた配布物や広報誌、業者に発注して作る大量部数の印刷物には使用できません。
- 使用権者であっても、データの複製・転載・貸与・譲渡・販売・頒布（インターネットを通じた提供も含む）することを禁止します。

食材写真カタログ

果物・野菜

食材編

●ブドウ 17-01.pdf	●ブドウ 17-02.pdf	●サクランボ 17-03.pdf
●スイカ 17-04.pdf	●スイカ 17-05.pdf	●バナナ 17-06.pdf
●トウモロコシ 17-07.pdf	●ピーマン 17-08.pdf	●ブロッコリー 17-09.pdf
●カボチャ 17-10.pdf	●ホウレンソウ 17-11.pdf	●カリフラワー 17-12.pdf
●カブ 17-13.pdf	●サツマイモ 17-14.pdf	●マイタケ 17-15.pdf

※17〜18ページの画像は、実際に印刷したときのサイズとは異なります。画像の下についている英数字は、ファイル名です。

写真データで作る 本物そっくり食材

食材編

ごっこあそびの食材を作ろう

印刷した写真データを形に切って、食材を作りましょう。そのまま並べたり、スチレントレーに載せたりして、食材に合わせて工夫すると楽しい！

形に切って

少し厚めの用紙に印刷するか、印刷した物を画用紙などにはってから、周りの余白を切り取ります。

バナナ

ピーマン

スチレントレーに載せて

リサイクル素材のスチレントレーに載せ、ラップを掛けて、スーパーの商品のように作ります。

色画用紙
スチレントレー
色画用紙
ラップを掛ける
色画用紙
アジ
牛ステーキ肉

写真データで作る 本物そっくり食材

印刷した写真データをひと工夫

丸めた新聞紙を印刷した紙で包んで立体にしたり、厚手の紙に印刷して2枚はり合わせたりして、アレンジして作っても楽しいです。

丸めた紙で立体に！

印刷した紙で丸めた新聞紙を包んだ物

トウモロコシ

ブドウ

厚手の紙2枚をはり合わせて！

写真データを厚手の紙に印刷した物

上の部分をはり合わせる

スイカ

メニュー編

パンやスイーツ、麺類や総菜など……。
思わず作ってみたくなる、おいしそうな
食べ物がいっぱい！

パン

身近な素材で作れる、いろいろな種類のパンをそろえましょう。

バゲット
作り方あり

紙に白のクレヨンで模様を描き、絵の具を塗ってはじき絵にしました。細長く丸めた新聞紙を包めば、バゲットに！

はじき絵の仕方
コピー用紙などの薄手の紙にクレヨンで模様を描き、薄めに溶いた絵の具をさっと塗ります。

メニュー編

あんパン

クレヨンで焦げを描いた色画用紙で、丸めた新聞紙を包みます。

クレヨンで描いた色画用紙

丸めた新聞紙を包む

バゲット

コピー用紙に白のクレヨンで描き、絵の具を塗ってはじき絵にした物

新聞紙を細長く丸めてセロハンテープではった物

包んでセロハンテープではる

クロワッサン

しま模様を描いてはじき絵にしたコピー用紙を折り畳んではった物

重ねて巻き、セロハンテープではる

重ねて巻き、セロハンテープではる

はじき絵をしたコピー用紙で丸めた新聞紙を包んだ物

クロワッサン 作り方あり

紙にクレヨンでしま模様を描いて絵の具を塗り、折り畳んだり、巻いたりすると、クロワッサンらしくなります。

※絵の具の種類によっては、はじき絵ができないものがあります。活動の前に確認しましょう。

コロネ

細長く折った色画用紙を、新聞紙に巻き付けました。丸めた色紙のクリームを詰めて。

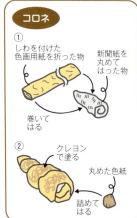

コロネ
① しわを付けた色画用紙を折った物 / 新聞紙を丸めてはった物 / 巻いてはる
② クレヨンで塗る / 丸めた色紙 / 詰めてはる

メロンパン

しわを付けた色画用紙で、丸めた新聞紙を包みました。ホログラムテープはざらめのイメージ。

- ホログラムテープ
- クレヨンで描く
- 丸めた新聞紙を包む
- しわを付けた色画用紙

トング

段ボール板の間にタケひごを挟み、ホログラムテープで巻き留めました。

カレーパン

細かく切った色画用紙で、揚げたてのパンを表現します。

- 丸めた新聞紙をフラワー紙で包む
- 色画用紙

チョコ&ホイップクリームパン

スポンジに白の絵の具をつけてたたき、粉砂糖に見立てます。

- 濃いめに溶いた絵の具をスポンジでつける
- 色紙
- クラフト紙を丸めた物
- フラワー紙を挟み込む

トング

- 段ボール板
- 折る
- 2枚重ねてホログラムテープで巻き留める
- セロハンテープではる
- タケひご
- 段ボール板に色紙をはった物

デニッシュ

輪切りにした紙芯と、細長く丸めた新聞紙にフラワー紙をはって、輪にしました。フルーツに見立てたトッピングを載せて。

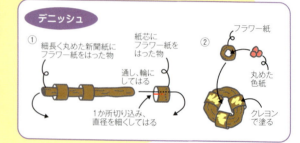

アップルパイ

パッキングネットの網目をパイ生地に見立てます。アルミカップに載せて、お店に並べましょう。

メニュー編

ピザパンA 作り方あり

生地に使うクラフト紙は、手でもんで柔らかくしておくと、形が作りやすくなります。

ピザパンA

① 縁を丸めて折り畳む
しわを付けたクラフト紙

② フェルトペンで描く
ちぎった色紙
木の実や小枝
木工用接着剤ではる
※ペーパーナプキンに載せる

ピザパンB

1/4サイズに切った紙皿をクラフト紙で包みました。

クラフト紙はしわを付けておくと、ピザらしく見えます。

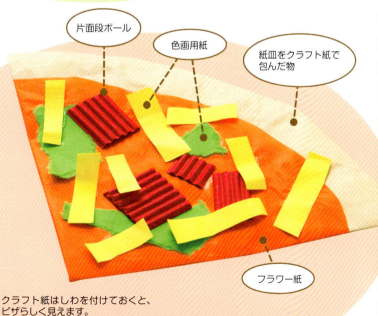

- 片面段ボール
- 色画用紙
- 紙皿をクラフト紙で包んだ物
- フラワー紙

ケーキ

見た目も華やか！
いろいろな種類のケーキを作ってみましょう。

イチゴショートA 作り方あり

紙パックの底と側面を生かして三角にし、全面にフェルトをはりました。

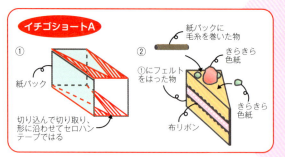

イチゴショートB 作り方あり

紙パックを色紙で包み、綿のクリームときらきら色紙のフルーツでデコレーション。

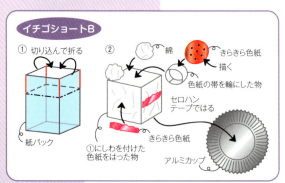

チョコケーキA

紙パックを三角にした、手のひらサイズのケーキ。オーロラフィルムで光沢を出します。

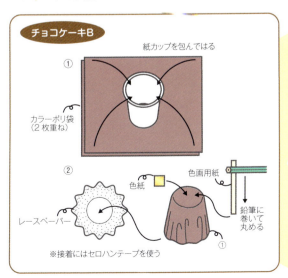

チョコケーキB

紙カップをカラーポリ袋で包み、チョコレートのつやを表現。レースペーパーに載せて。

ケーキ

ベリーケーキ

紙パックのベースの作り方は、28ページのイチゴショートAと同様です。フェルトの色やトッピングを変えて、ベリー味にしました。

- 紙パックに毛糸を巻いた物
- 丸めたきらきら色紙
- 紙パックにフェルトをはった物
- 布リボン

ラズベリームース

作り方あり

カラー工作紙を丸めた筒に、フラワー紙のクリームやカラーセロハンのラズベリーをトッピング。

ラズベリームース

① かぶせてセロハンテープではる
- カラー工作紙
- カラー工作紙を筒状にしてはった物

② かぶせてはる
- しわを付けた色紙

③
- 色画用紙
- 丸めたカラーセロハン
- 丸めたフラワー紙
- フラワー紙
- 布リボン
- セロハンテープではる
- お弁当カップ

モカケーキ

紙パックをクラフト紙で包み、ドングリや小枝などの自然物を、お菓子に見立てて飾ります。ベースの作り方は、28ページのイチゴショートBと同様です。

- ドングリ
- 押し葉
- 小枝
- 段ボール板
- 紙パックをクラフト紙で包んだ物
- きらきら色紙
- 色紙
- レースペーパー

抹茶ケーキ

三角にした紙パックに、色画用紙やフラワー紙をはった抹茶のケーキ。ベースの作り方は、29ページのチョコケーキAと同様です。

- ちぎった色画用紙
- 片面段ボール
- オーロラフィルム
- フラワー紙
- 紙パックに色画用紙をはった物

メニュー編

ミルフィーユ 作り方あり

スポンジを片面段ボールで挟みました。カラフルなぼんてんを載せると、おいしそうに見えます。

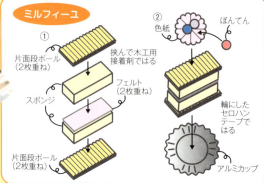

フルーツタルト 作り方あり

片面段ボールにフラワー紙を詰め、きらきら色紙やぼんてんのフルーツを載せました。

ケーキ

モンブラン

紙カップに束ねた毛糸をかぶせると、本物そっくりのモンブランに。上は色紙で包んでクリに見立てます。

ババロア

透明カップにフラワー紙を詰め、カラーセロハンをはった工作紙を載せました。色を変えれば、いろいろな味のババロアになります。

ドーナツ

メニュー編

色画用紙を巻いて輪にした生地をベースにして、いろいろなドーナツを作りましょう。

ふわふわドーナツ

輪にした色画用紙に紙テープを巻いて、ねじれた感じを出します。

- 紙テープ
- しわを付けた色画用紙を巻いて輪にした物

カラフルドーナツ

色画用紙に木工用接着剤を付け、細かく切ったモールのチョコスプレーをはります。

- しわを付けた色画用紙を巻いて輪にした物
- モール

チョコドーナツ

作り方あり

カラーポリ袋の光沢でチョコらしさを出しました。いろいろな色で作っても。

チョコドーナツ

① しわを付けた色画用紙　巻く

② 巻き付けてセロハンテープではる　カラーポリ袋（2枚重ね）

①を輪にしてはった物

35

クッキー チョコレート

紙粘土や絵の具を使って作る、本物そっくりのお菓子。ラッピングしてもいいですね。

クッキー

紙粘土に絵の具を混ぜて、クッキーの生地を作ります。型で抜いたら、色をつけたりビーズをはったりしてトッピング。

ラッピングして楽しもう！

クッキーやスティックチョコを透明なポリ袋に入れてラッピングして、並べるといいですね。

透明なポリ袋の中に色紙を敷いて、カラフルにラッピング。

ポリ袋にスティックチョコを入れ、口をモールで結び留めます。

クッキー

① 紙粘土／絵の具／中に入れる／ポリ袋／袋の上からよくこねて色をつける

② 抜き型で抜く／①の紙粘土を平らに伸ばす

③ ビーズ／多用途接着剤ではる／②を乾かした物／絵の具を塗る

保育 CALENDAR

1月	2月	3月	4月	5月	6月
		新年度準備・保育書フェア			
・正月	・節分	●発表会 ●春休み ●卒園 ・ひなまつり	●入園	●春の遠足 ・こどもの日	●運動会

※ ●●●● は園行事、● は一般的な行事です。

新年度 保育者になったら「保育力UP!」シリーズ

保育に役立つアイディアがいっぱい!

新年度 1年間の保育をサポート

年齢別・保育資料の決定版!

新年度 担任が決まったら指導計画を

見通しをもった保育ができる!

1年中 三法令の理解に

イラストたっぷりでわかりやすい!

1年中 あそびはCD付きで

運動会・発表会にも使える!

1年中 食育の心強いサポート

計画から実践、お便り作りまで!

※この目録は2024年8月段階での商品ラインナップです。場合により商品のご用意ができないことがあります。また、定価・価格

発達支援

多様な子どもたちの発達支援

藤原里美／著
AB判 96p
定価1,760円(本体1,600円+税10%)
9784054062870 2015年6月刊
子どもの姿と対応、支援の背景、保護者サポート、クラス運営。発達が気になる子への対応を詳しく解説。

CD-ROM付き
多様な子どもたちの発達支援 園内研修ガイド

藤原里美／著
AB判 128p
価格2,420円(本体2,200円+税10%)
9784054062887 2014年7月刊
行動のとらえ方／行動観察と記録／環境支援ほか、発達が気になる子をチームで支援していくための園内研修をサポート。

多様な子どもたちの発達支援 園実践編

藤原里美／著
AB判 96p
定価1,760円(本体1,600円+税10%)
9784058017302 2022年4月刊
保育環境づくりや個別支援など、発達が気になる子どもたちを支えるために園で取り組める支援メソッドを、豊富な事例とともに紹介。

保育者が知っておきたい
発達が気になる子の感覚統合

木村順／著
B5変型判 128p
定価1,760円(本体1,600円+税10%)
9784054056831 2014年7月刊
発達が気になる子どもへの理解と対応について、保育者が知っておきたい感覚統合の基礎的な知識と遊びのプログラムを紹介。

発達が気になる子の個別の指導計画

酒井幸子・田中康雄／監修
AB判 128p
定価1,760円(本体1,600円+税10%)
9784054056060 2013年7月刊
作成に苦慮しがちな「個別の指導計画」について参考となる書式や、それを使った指導実践例を広く紹介。

すべての子どもの育ちを支える
わらべうたセラピー

久津摩英子・星山麻木／著
AB判 112p
価格2,860円(本体2,600円+税10%)
9784058017432 2022年3月刊
保育の中でさまざまな姿を見せる子どもたちの育ちを支えるわらべうたを63曲紹介。音源CD&うたがすぐ確認できる二次元コード付き。

0.1.2歳児
愛着関係をはぐくむ保育

帆足暁子／著
B5変型判 128p
定価1,760円(本体1,600円+税10%)
9784058010136 2019年2月刊
0.1.2歳児保育に欠かせない「愛着関係」について解説。事例を通して、わかりやすく子どもと保育者のかかわりを紹介。

気になる子のために
保育者ができる特別支援

小平雅基・中野圭子／監修
AB判 96p
定価1,430円(本体1,300円+税10%)
9784054059771 2014年7月刊
発達障がいの基礎知識や、園現場で気になることの背景と対応、保護者との付き合い方などを解説。

0～5歳児
発達が気になる子のコミュニケーション力育て

山本淳一／監修 松崎敦子／著
B5変型判 128p
定価1,760円(本体1,600円+税10%)
9784058011799 2020年6月刊
発達が気になる子のコミュニケーションにかかわる5つの力をレーダーチャートで分析。子どもが伸びる、保育者の援助がわかる。

気になる子、障がいのある子、
すべての子が輝くインクルーシブ保育

広瀬由紀・太田俊己／編・著
AB判 128p
定価1,870円(本体1,700円+税10%)
9784058011362 2020年8月刊
障がいのある子を含む保育の在り方として、近年注目を集めている「インクルーシブ保育」を、豊富な事例でわかりやすく紹介。

カードシアター・パネルシアター

おなじみの歌であそぶ　0～3歳児
簡単カードシアター12か月

学研教育みらい／編
265×370mm（B4カード16枚・解説書32p）
価格2,420円（本体2,200円＋税10％）
9784057504643　2014年2月刊
「こぶたぬきつねこ」「おつかいありさん」など、おなじみの歌に合わせて、簡単シアターが演じられる。

おなじみの歌であそぶ　0～3歳児
簡単カードシアター12か月
もっとおもしろしかけ編

近藤みさき／著
265×370mm（B4カード16枚・解説書32p）
価格2,420円（本体2,200円＋税10％）
9784057505084　2015年2月刊
「ぞうさん」「いぬのおまわりさん」など、状況に合わせて演じられるシアターセット第2弾。

おなじみの歌とお話であそぶ13作品　0～3歳児
簡単カードシアター12か月
はたらくくるま／おおきなかぶ

近藤みさき／著
265×370mm（B4カード16枚・解説書32p）
価格2,420円（本体2,200円＋税10％）
9784057506128　2017年2月刊
「はたらくくるま」や「3びきのこぶた」などに合わせてシアターを演じられるセット。

おなじみの歌であそぶ16作品　0～6歳児
もっと簡単カードシアター12か月
写真カード付き

近藤みさき／著
265×370mm（B4カード16枚・解説書32p）
価格2,420円（本体2,200円＋税10％）
9784057507286　2020年2月刊
「こぶたぬきつねこ」など写真カード付きシアターセット。保育のすきま時間、誕生会にも。

1年中使える　2～5歳児
簡単ペープサート

ピコロ編集部／編
265×370mm（B4カード16枚・解説書32p）
価格2,420円（本体2,200円＋税10％）
9784057505640　2016年3月刊
童謡（「チューリップ」「アイアイ」）や行事（十五夜、ひな祭り）など保育で1年中使えるペープサート集。

わくわくパネルシアター　にじ
ふだんの保育で　お誕生会で
卒園式・発表会に向けて

松家まきこ／指導
280×380mm（Pペーパー8枚・解説書16p）
価格4,950円（本体4,500円＋税10％）
9784057002439　2021年4月刊
名曲「にじ」があのメロディに優しい世界観をパネルシアターで再現！

パネルシアター
はらぺこあおむし

エリック・カール／原作　月下和恵／構成
261×367mm（Pペーパー8枚・解説書・保存袋）
価格5,238円（本体4,762円＋税10％）
9784057002033　2012年10月刊
絵本『はらぺこあおむし』がパネルシアターに！見ごたえのある工夫がいっぱい。
™ & © 2024 Penguin Random House LLC.
All rights reserved.

パネルシアター
もったいないばあさん

真珠まりこ／原作　月下和恵／構成
263×368mm（Pペーパー8枚・解説書・保存袋）
価格5,500円（本体5,000円＋税10％）
9784057507620　2021年2月
もったいないことしてないかい？「もったいない」ってどういう意味？ものを大切にする心が育つストーリーです。
©真珠まりこ／講談社

パネルシアター
りんごかもしれない

ヨシタケシンスケ／原作　月下和恵／構成
262×368mm（Pペーパー8枚・解説書・保存袋）
価格5,500円（本体5,000円＋税10％）
9784057508436　2023年2月刊
世界11言語で翻訳された大人気絵本『りんごかもしれない』がパネルシアターで登場！
©Shinsuke Yoshitake/Bronze Publishing Inc.
2024 Printed in Japan

製作・あそび・行事

0.1.2歳児 せいさくあそび88
「あそびと環境0.1.2歳」編集部・リボングラス／編・著
B5変型判　112p
定価1,760円（本体1,600円＋税10%）
9784054065413　2017年3月刊
0.1.2歳児の育ちにぴったりの製作あそび集。季節をモチーフにした製作や、行事に合わせた製作など、12か月分、88点紹介。

0.1.2歳児 せいさくあそび100
「あそびと環境0.1.2歳」編集部・リボングラス／編・著
B5変型判　112p
定価1,870円（本体1,700円＋税10%）
9784058019481　2023年1月刊
0.1.2歳児が興味をもって楽しめる製作あそび集。季節と行事の作例はたっぷり100案。製作案はすべてオリジナルの新作。

3・4・5歳児の保育に作ってあそべる製作ずかん
今野道裕／著
B5判　112p
定価1,430円（本体1,300円＋税10%）
9784054058705　2013年11月刊
紙やひもなど身近な材料で作ってあそべる製作アイディアが満載。あそびのバリエーション付き。

3.4.5歳児 せいさくあそび120
学研教育みらい・リボングラス／編・著
B5変型判　112p
定価1,760円（本体1,600円＋税10%）
9784058017241　2022年1月刊
こいのぼり、節分などの行事はもちろん、季節や自然をモチーフにした作例をたっぷり120案紹介。

0・1・2歳児のあそびと造形
森田浩章／著
AB判　192p
定価2,200円（本体2,000円＋税10%）
9784058010389　2019年4月刊
子どもが夢中になって、やってみたい！と思える実例を56案収録。すべて、園現場で実践済み。

3～5歳児 育ちをとらえる！あそびと10の姿
阿部恵／著
B5変型判　128p
定価1,760円（本体1,600円＋税10%）
9784058015841　2021年3月刊
3～5歳児のあそびアイディアを紹介しながら、子どもの姿が「10の姿」にどうつながるのか解説する。

五感を通して感じる・あそぶ 自然・植物あそび一年中 増補改訂版
出原大／著
A5判　144p
定価1,650円（本体1,500円＋税10%）
9784058021668　2024年3月刊
身近な自然の中で楽しめる「植物あそび」「栽培」「製作」のアイディアを110案紹介。

子どもが夢中になる！ぜ～んぶあそべる！おりがみ60
小林一夫／監修
AB判　112p
定価1,980円（本体1,800円＋税10%）
9784058011461　2020年4月刊
作った作品を使ってあそべるおりがみを60案紹介。一部、プロセス動画の二次元コード付き！

すぐに作れて 毎日あそべる CD-ROM付き 0・1・2歳児 かんたんシアター28話
Gakken／編
AB判　128p
価格2,640円（本体2,400円＋税10%）
9784058019627　2023年2月刊
0・1・2歳児が楽しめるミニパネルシアター、ペープサート等を28話掲載。絵人形のデータを収録したCD-ROM付き！

遊びがつながる・広がる！シアター12か月
1つのテーマが「シアター・歌・遊び・製作」に！
松本さや／著
AB判　116p
価格2,640円（本体2,400円＋税10%）
9784058021729　2024年2月刊
人気Instagrammer・現役保育士345初の単行本！保育現場のほしい！が詰まったアイディア集。

0.1.2歳児
育ちによりそう
手作りおもちゃ70

あそびとおもちゃラボ
シーグラス／監修
B5変型判　112p
定価1,760円（本体1,600円＋税10%）
9784058017234　2022年1月刊
保育に役立つ手作り布おもちゃ集。
子どもの発達を踏まえ、あそびが
広がるアイディアがいっぱい。

0.1.2歳児
手作りおもちゃ64
身近な素材でラクラク作れる

「あそびと環境0.1.2歳」編集部・
リボングラス／編・著
B5変型判　112p
定価1,760円（本体1,600円＋税10%）
9784054064140　2016年3月刊
子どもの目を引き出す工夫が
いっぱいの手作りおもちゃアイディ
ア集。型紙付き。

0〜3歳児
子どもが喜ぶ！
手作り布おもちゃ58

阿部直美・中谷真弓／著
B5変型判　112p
価格2,200円（本体2,000円＋税10%）
9784058022238　2024年8月刊
手袋・靴下を使ったシアターと、0〜3歳児
が楽しめる、手作り布おもちゃの製作アイ
ディア集。シアターの演じ方動画付き。

0.1.2歳児
発達をおさえた
運動あそび

山本秀人／編・著
B5変型判　128p
定価1,760円（本体1,600円＋税10%）
9784058008997　2018年3月刊
0.1.2歳児ならではの発達をとら
えた運動あそびを紹介。保育所保
育指針の視点をプラス。発達の仕
組み表付き。

2〜5歳児
あそびアイディア100
普段・ちょこっと・異年齢・親子

ピコロあそび会議／編・著
犬飼聖二／監修
B5変型判　128p
定価1,650円（本体1,500円＋税10%）
9784054062405　2015年3月刊
手あそび・歌あそび、運動あそ
びを複数の年齢に合わせてアレン
ジできるアイディアが満載。

0.1.2歳児
毎日できるふだんあそび100
あそびに夢中になる子どもと出会おう

安井素子・高崎温美・浦中こういち／著
B5変型判　112p
定価1,760円（本体1,600円＋税10%）
9784058015834　2021年2月刊
0.1.2歳児の育ちや興味・関心に
寄り添うふだんあそびのアイディ
アが満載。保育者の配慮や、かか
わりのヒントも紹介。

0・1・2歳児の
手あそび・ふれあいあそび歌45
すぐ使えるCD付き！

「あそびと環境0.1.2歳」編集部／編
AB判　80p
価格2,750円（本体2,500円＋税10%）
9784058011195　2020年2月刊
子どもとのふれあいがたっぷり楽
しめる「手あそび」「あそび歌」
がギュッと詰まった一冊。

0・1・2歳児の
ダンス・体操あそび歌40
すぐ使えるCD付き！

「あそびと環境0.1.2歳」編集部／編
AB判　80p
価格2,750円（本体2,500円＋税10%）
9784058015827　2021年2月刊
0・1・2歳児が体を動かして楽しめ
る「ダンス」「体操」のあそび歌が
ギュッと詰まった一冊。運動会、発
表会にもぴったり。

0.1.2歳児の簡単あそび歌
トットコさんぽ
CD付き　新装版

「あそびと環境0.1.2歳」編集部／編
AB判　80p
価格3,300円（本体3,000円＋税10%）
9784058022900　2024年7月刊
ふだんの保育で楽しめる0.1.2歳児向
けのあそび歌とらべうたを集めた一
冊。あそび方、楽譜、CD付き、全45曲。

3・4・5歳児の　元気！
ダンス・体操あそび歌
たっぷり39曲
すぐ使えるCD2枚付き

Gakken／編
AB判　80p
価格2,970円（本体2,700円＋税10%）
9784058019320　2022年12月刊
3・4・5歳児が全身を使って動きや
表現を楽しめる「ダンス」「体操」の
あそび歌39曲を掲載。CD2枚付き！

毎日楽しめる! 2〜5歳児
なぞなぞ&
ことばあそび
決定版 570問

阿部恵／著
B6判 192p
定価1,540円（本体1,400円+税10%）
9784058007679 2017年4月刊
「食べ物」「動物」「園と生活」「早口ことば」「ことば探し」などを収録。保育に生かせるアドバイス付き。

絵かきうたあそび
決定版110

阿部恵／著
B6判 112p
定価1,320円（本体1,200円+税10%）
9784058010082 2019年1月刊
著者オリジナルの「生き物」「植物」「食べ物」「乗り物」「あそびと生活」と「伝承」の絵かきうたを、たっぷり110案収録。

あそび&ダンス&卒園のうた26
だんごむしたいそう
CD付き

学研教育出版／編
AB判 80p
価格3,300円（本体3,000円+税10%）
9784054044685 2010年3月刊
保育雑誌『ラポム』やHP「保育CAN」などで人気を博した、あそび歌や卒園ソングなどの楽譜とあそび方を掲載。26曲収録。

すぐできる 0〜5歳児のあそび歌
さくらんぼ体操
CD付き

学研教育出版／編
AB判 80p
価格2,970円（本体2,700円+税10%）
9784054052864 2012年3月刊
保育雑誌『ピコロ』などで人気となった、ダンスやあそび歌の楽譜とあそび方を掲載。48曲収録。

0.1.2歳児
運動会メニュー50

「あそびと環境0.1.2歳」編集部／編
B5変型判 112p
定価1,760円（本体1,600円+税10%）
9784058011508 2020年4月刊
0.1.2歳児の発達にぴったりの運動会種目を掲載。練習いらずで楽しめる親子種目もいっぱい。

0-5歳児 運動会種目集
ワクワク大成功
101アイデア 新装版

浅野ななみ／編・著
AB判 112p
定価1,980円（本体1,800円+税10%）
9784058020869 2023年7月刊
0〜5歳児の年齢別の成長に合わせて、楽しく日々の保育を生かしながら行える運動会の種目集。101案収録。

0・1・2歳児
ふだんあそびから発表会
CD付き

村中弘美／著
AB判 112p
価格2,750円（本体2,500円+税10%）
9784058010563 2019年9月刊
0・1・2歳児の成長を感じ取れるようなふだんのあそびのアイディアと、そこから発表会への持っていき方を提案。

3・4・5歳児
ふだんあそびから発表会
CD付き

村中弘美／著
AB判 112p
価格2,750円（本体2,500円+税10%）
9784058010570 2019年9月刊
3・4・5歳児の成長を感じ取れるようなふだんのあそびのアイディアと、そこから発表会への持っていき方を提案。

0〜5歳児の劇あそび
むかしばなしで発表会
オペレッタ&アクトリズム
CD付き

河合礼子／著
AB判 96p
価格2,420円（本体2,200円+税10%）
9784054054059 2012年7月刊
昔話の劇シナリオ集。「大きなカブ」「こびとと靴屋」「3匹のヤギ」「てぶくろ」など、人気の12演目を収録。

0〜5歳児の劇あそび
むかしばなしで発表会 もっと!
オペレッタ&アクトリズム
CD付き

河合礼子／著
AB判 96p
価格2,420円（本体2,200円+税10%）
9784054060586 2014年9月刊
『むかしばなしで発表会』の第2弾。「赤ずきん」「サルとカニ」など、人気の11演目を収録。

保育に役立つWebコンテンツ

ほいくあっぷ Web
more Fun & Pride

「ほいくあっぷWeb」では、『ほいくあっぷ』の特集や記事を
さらに深めるコンテンツ、実践に使えるダウンロードツールをお届けします。

その時期に知りたい情報を過去アーカイブからお届け。

保護者とのかかわり 時代に合わせてアップデート！

「生きる力を育む！ 園の防災防犯」で紹介しているツールをダウンロード!

今すぐチェック!

Gakkenの保育情報Instagram
保育CAN☆あっぷ

保育者さんの毎日を応援するお役立ち情報発信中!
Gakkenの保育雑誌の情報、書籍、講習会のお知らせをいち早くお届け。

HOIKUCAN

Gakken
〒141-8416
東京都品川区西五反田2-11-8

- この目録に掲載されている商品は、お近くの書店でお求めください。
- または、貴園（校）出入りの小社特約代理店にお申し込みください。
- 通信販売をご希望の場合、下記の方法があります。
  ・学研通販受注センター　フリーダイヤル　0120-92-5555
  　（受付時間　平日9:30～17:30　土日祝日・年末年始を除く）
  ・インターネット　ショップ学研＋　https://gakken-mall.jp/ec/plus/
  ※お支払方法など詳しくは「ショップ学研＋ ご利用ガイド」
  　https://gakken-mall.jp/ec/plus/cmguide/cmg1index.htmlをご覧ください。
- 在庫切れの場合はご容赦ください。

9300005833

スティックチョコ

作り方あり

ストローを付けた丸いボールを作ったら、絵の具でコーティングしていきます。

絵の具は、少量の水でよく混ぜてとろみをつけておきます。卵パックなどの区分けされた容器に入れて用意します。

スティックを持ち、絵の具をまんべんなくつけます。

絵の具を乾かすためのスタンドを用意します。紙パックで作ったブロックに穴を数か所開けておきましょう。

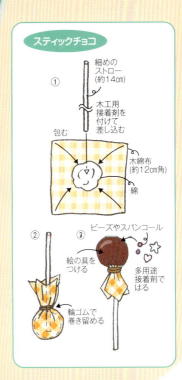

スティックチョコ

① 細めのストロー（約14cm）
木工用接着剤を付けて差し込む
包む
木綿布（約12cm角）
綿

② 絵の具をつける
輪ゴムで巻き留める

③ ビーズやスパンコール
多用途接着剤ではる

メニュー編

総菜

素材の特徴を生かしていろいろな総菜が作れます。
透明パックに入れて、バーコードも付けると本物みたい！

バーコードのイラストです。コピーしたり、ダウンロードしたデータを印刷したりして活用してください。
※ダウンロードサイトへのアクセスは16ページで解説しています。

38-01.pdf

クレープ紙　透明パック

唐揚げ

丸めた新聞紙を色紙で包みます。新聞紙を包む前に色紙にクレヨン描きすると、ジューシーな唐揚げに！

丸めた新聞紙をクレヨン描きした色紙で包んだ物

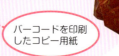

バーコードを印刷したコピー用紙

おにぎり

気泡緩衝材のぷちぷちで米粒を表現しました。

フラワー紙を気泡緩衝材で包んだ物

色紙

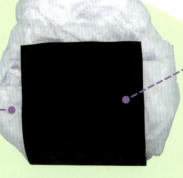

メニュー編

コロッケ

色紙を巻いた紙芯に木工用接着剤を付け、毛糸をまぶして、衣に見立てます。

紙芯を少し潰してから色紙で包み、コロッケのベースにします。

- 細かく切った毛糸
- 紙芯を色紙で包んだ物
- 透明パック

しゅうまい

15cm角の色紙を丸めて、¼サイズに切った色紙に載せて包むと、しゅうまいらしい形に。

作り方あり

しゅうまい

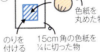

① のりを付ける／色紙を丸めた物／15cm角の色紙を¼に切った物
② 色紙／包む

エビフライ

作り方あり

新聞紙を色紙で巻いてからフラワー紙で包むと、ふっくらした揚げたてのエビフライに。

エビフライ

① 色紙（裏）／巻いた新聞紙を置く／巻いてはる
② 色紙
③ 2つ折りしたフラワー紙／クレヨンで描く／巻いてはり 形を整える

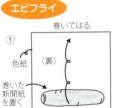
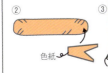
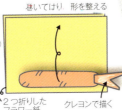

透明パック

39

レストランメニュー

人気のメニューをそろえました。
お皿やフォーク、スプーンなどもセットにして作りましょう。

ハンバーグ 作り方あり

丸めた新聞紙をクレープ紙で包んだハンバーグに、カラーポリロールの目玉焼きなどを添えました。

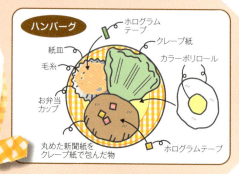

プラスチックフォークにマスキングテープを巻く

カレーライス 作り方あり

パッキングネットにフラワー紙を詰めたライスに、しわを付けた色画用紙のルーをはりました。

プラスチックスプーンにマスキングテープを巻く

メニュー編

オムライス

丸めた新聞紙を和紙で包み、しわを付けたカラーセロハンのケチャップを載せました。

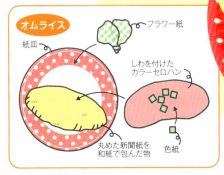

オムライス
- 紙皿
- フラワー紙
- しわを付けたカラーセロハン
- 丸めた新聞紙を和紙で包んだ物
- 色紙

プラスチックスプーンにマスキングテープを巻く

サラダ

カラーポリ袋のレタスにフラワー紙のドレッシングを載せ、色画用紙のベーコン、スポンジのクルトンを載せました。

- クレヨンで描く
- 色画用紙
- スポンジ
- フラワー紙
- カラーポリ袋
- 紙皿

プラスチックフォークに色画用紙をはってかわいく演出

唐揚げ

色画用紙にクレヨンでぐるぐる描いた紙を丸めて、おいしそうに見せます。

唐揚げ
- 入れる
- 紙カップにビニルテープを巻いた物
- きらきらタックシール色紙
- しわを付けた色画用紙にクレヨンで描き、丸めた物

41

レストランメニュー

ステーキ 作り方あり

ボリューム満点のステーキには、マッシュポテトと野菜を添えて。ナイフとフォークは、カラー工作紙にマスキングテープをはって作ります。

スープ 作り方あり

丸めたフラワー紙をカラーセロハンで包み、紙カップに詰めました。

クリームシチュー

色画用紙をもんで柔らかくして、シチューのベースにします。野菜やお肉の具材は、帯状の色画用紙を切って自由にはります。

エビフライ

作り方あり

丸めた新聞紙を和紙で包み、きらきら色紙の尾をはった立派なエビフライ。ミニトマトとキャベツで彩りをプラスします。

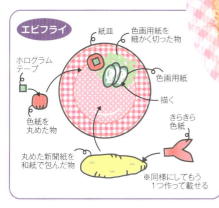

プラスチックフォークにマスキングテープを巻く

ビーフシチュー

色画用紙を丸めたり、スチレントレーを色画用紙で包んだり、具材らしく見えるように作るのがポイント。

丸めた色画用紙

色画用紙でスチレントレーを包んだ物

丸めた新聞紙を柔らかくした色画用紙で包んだ物

アルミはく

ボウルタイプの紙皿にマスキングテープをはった物

ラーメン・中国料理

ラーメンやチャーハン、ぎょうざなど、本物そっくりのおいしそうなメニュー。

ラーメン 作り方あり

色画用紙のチャーシューやのり、なるとなど、好きな具を載せます。

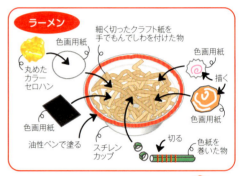

ぎょうざ 作り方あり

丸めたフラワー紙の具を、白いフラワー紙の皮で包みます。折ってひだを付けると本物らしくなります。

春巻き 作り方あり

丸めたフラワー紙をクラフト紙で包みます。フラワー紙のパセリを添えて。

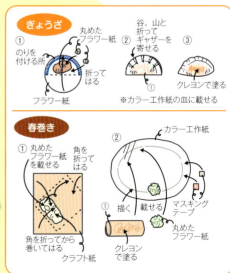

チャーハン

詰め物をした半立体のフラワー紙で、ふっくらしたチャーハンを表現。グリーンピースはぼんてんです。

しゅうまい

新聞紙を障子紙で包み、色紙のグリーンピースをはりました。色画用紙のせいろに載せましょう。

焼きそば

毛糸の麺に、赤や緑などのストローを細かく切った具を混ぜました。

そば

麺に載せるトッピングを変えて、いろいろなそばにすると楽しいです。

コロッケそば 〈作り方あり〉

細かく切った毛糸をはって、サクサク感を出したコロッケがポイント。

カラー工作紙に紙カップの高台を付けた器。

コロッケそば

① 輪にしてセロハンテープではる
　カラー工作紙
　7cm / 6cm / 45cm
　切り込み、山折りして内側からセロハンテープで留める

② しわを付けた色画用紙
　マスキングテープ
　輪にしたガムテープではる
　短く切った紙カップの側面に色画用紙をはった物
　丸めた新聞紙をフラワー紙で包んだ物
　毛糸
　細く切った色画用紙を手でもんでしわを付けた物
　色紙を巻いた物
　切る

天ざる 〈作り方あり〉

さくっと揚がった天ぷらと、ざるそばのセットです。容器はティッシュボックスの形を生かしました。

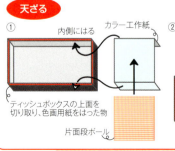

天ざる

① 内側にはる　カラー工作紙
　ティッシュボックスの上面を切り取り、色画用紙をはった物
　片面段ボール

② 色画用紙をフラワー紙で包んだ物
　細く切った色画用紙を手でもんでしわを付けた物
　障子紙を敷く
　段ボール板をフラワー紙で包んだ物
　塗る

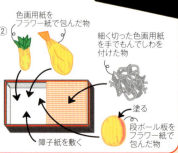

紙カップにフラワー紙を詰めたそばつゆ、色紙を切ったネギ、フラワー紙を丸めたワサビとダイコンおろしを添えて。

作って売るお店

店員になりきって、その場で作って売って。
お客さんとのやり取りも楽しめる、
人気のお店をそろえました。

回転ずし屋さん1

おすしを載せて動かせる回転台を作って、回転ずし屋さんごっこを楽しみましょう。好きなおすしのネタをたくさん作るといいですね。

鉢巻き
色画用紙にクレヨンで模様を描き、平ゴムを付けました。

※鉢巻きの作り方は92ページに。

いらっしゃい！

回転台（作り方あり）
丸く切った段ボール板2枚の中心に穴を開け、綿ロープを通して留めて、くるくる回るようにしました。作り方は51ページに。

うに 200えん
とろ 200えん
えび 150えん
いくら 150えん
はまち 100えん
たまご 100えん
いか 100えん
あなご 100えん
まぐろ 100えん

※紙パックで作るお店屋さんは、いろいろなお店に応用できます。作り方は94〜95ページに。

作って売るお店

おすし
ネタに輪切りにした紙芯をはり、シャリにかぶせられるようにしました。作り方は51ページに。

作り方あり

おすしのネタやシャリは、取りやすいように空き箱に入れておきます。シャリにネタを付け、お皿に載せて回転台に置きます。

しょう油
ストローの注ぎ口を付けると、本物らしくなります。

- ストロー
- 紙芯に色画用紙をはった物

段ボール箱の一部を切り取り、お皿の返却口にします。

反対側から見たところ。お皿が段ボール板を滑って返却されます。

49

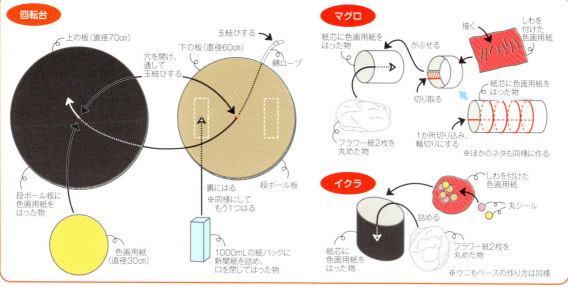

回転ずし屋さん2

ネタとシャリを輪にしたテープで付けて、握りの出来上がり！ ネタは、色紙を折って作ります。

すしおけ
作り方あり

シャリを入れておく"おけ"は、段ボール板を組み合わせて作ります。しゃもじを使ってシャリを混ぜるまねをしても楽しい。

シャリ
フラワー紙を透明ポリ袋で包んだ物。フラワー紙を丸めただけでもOK。

しゃもじ
カラー工作紙に色画用紙をはった物

シャリを握って。

輪にした粘着テープでネタを付けます。

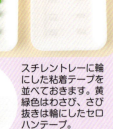

スチレントレーに輪にした粘着テープを並べておきます。黄緑色はわさび、さび抜きは輪にしたセロハンテープ。

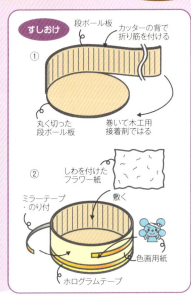

すしおけ

① 段ボール板 / カッターの背で折り筋を付ける / 丸く切った段ボール板 / 巻いて木工用接着剤ではる

② しわを付けたフラワー紙 / ミラーテープ・のり付 / 敷く / 色画用紙 / ホログラムテープ

うどん屋さん

こんな道具もあると楽しい！

湯切り 作り方あり
黒の丸シールを並べてはって、網の感じを出しました。

トレーに載せた天ぷらの中から、好きな具を選び、トングで挟んで麺に載せて

ずんどう鍋
筒状にしたカラー工作紙に、段ボール板の底を付けて、麺をゆでる大きめサイズにしました。

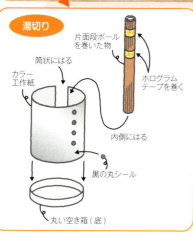

湯切り
- 片面段ボールを巻いた物
- ホログラムテープを巻く
- 筒状にはる
- カラー工作紙
- 内側にはる
- 黒の丸シール
- 丸い空き箱(底)

屋台・焼きそば

鉄板に麺と具を載せて、コテで焼くまねを楽しみます。焼きそばに卵を載せて、オムそばにしてもいいですね。透明パックに入れて、お客さんに渡します。

はい、どうぞ！

オムそば （作り方あり）

鉄板
空き箱に黒のカラーポリロールをはって、鉄板にしました。

おむそば 80えん

屋台・イカ焼き＆トウモロコシ焼き

網の上にイカとトウモロコシを載せて、ブラシでたれを付けたり、トングで焼いたりするまねをして楽しめます。

作り方あり
トウモロコシ焼き
こんがり焼き色をつけたトウモロコシ。

作り方あり
イカ焼き
紙皿に絵の具で色をつけたイカ。

網
段ボール板に、色画用紙とミラーテープ・のり付をはり、紙パックの口を閉じたブロックに載せて、網にしました。

値札
※作り方は63ページに。

バーベキューごっこにも
網を使って、バーベキューもできます。色紙を丸めた肉や野菜を、ストローの串にはりました。

作って売るお店

カラー工作紙
フェルト

ブラシ
切り込みを入れたフェルトをカラー工作紙にはりました。

トング
洗濯ばさみを利用した、つかみやすいトング。

スチレントレーに載せて、お客さんに手渡します。

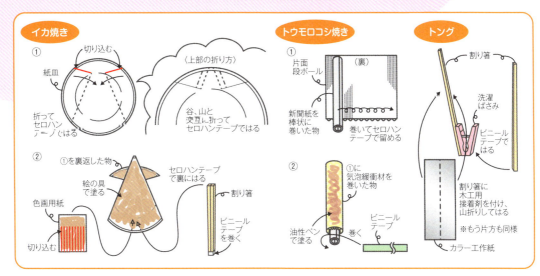

たこ焼き屋さん

たこ焼きを卵パックとティッシュボックスを組み合わせたプレートに載せて、焼くまねを楽しみます。舟形の皿に載せて出来上がり！

たこ焼き 作り方あり
色紙のソースや青のり、すずらんテープのかつおぶしをはって。

ピック
細く巻いたアルミはくに片面段ボールの持ち手を付けました。

舟形の皿 作り方あり
色画用紙で作った舟形の皿に載せると、たこ焼きらしい！

たこやき
100えん

値札
※作り方は63ページに。

コッペパン屋さん

- 丸めた新聞紙を色紙で包んだ物
- フラワー紙

コロッケ
ボリュームのあるコロッケとレタス、キャベツを一緒に挟んで。

- 細く切った色画用紙

ツナポテト
もんでしわを付けた色画用紙にクレヨンで描いて、ツナポテトに見立てます。

- しわを付けて丸めた色画用紙
- クレヨンで描く
- フラワー紙

たまご
淡い色のチェック柄のフラワー紙をもんでしわを付け、たまごに見立てます。緑のフラワー紙のレタスも挟んで。

- フラワー紙
- 油性ペンで塗った気泡緩衝材

イチゴジャム
気泡緩衝材を油性ペンで塗ったイチゴジャムと、フラワー紙のクリームを挟みます。

70

作って売るお店

ハムカツ
段ボール板を色紙で包み、厚みを出してハムカツらしく見せます。

- 色画用紙
- 段ボール板を色紙で包んだ物

イチゴホイップ
色紙の色を変えて、いろいろなフルーツにしてもいいですね。

- 丸めた色紙に模様を描いた物
- フラワー紙

小倉あん
気泡緩衝材を油性ペンで塗った"あんこ"と、フラワー紙のクリームを挟んで。

- 油性ペンで塗った気泡緩衝材
- フラワー紙

ソーセージ
ソーセージにはった毛糸は、ケチャップとマスタードのイメージ。

- 細く巻いた新聞紙を色紙で包んだ物
- フラワー紙
- 毛糸

かき氷屋さん

氷に見立てたペーパーを透明カップに入れて、シロップをかけたら、お客さんの好みに合わせていろいろな素材をトッピング！

かき氷機

かき氷機のハンドルを回して、シャリシャリと氷を削って。

かき氷機のふたを開けて、紙芯を抜いたトイレットペーパーをセット。ペーパーは内側（芯を抜いた所）から出てくるようにします。

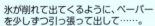

氷が削れて出てくるように、ペーパーを少しずつ引っ張って出して……。

お客さんの注文に合わせてシロップをかけ、「何をトッピングしますか？」と聞きます。

トッピングの素材を載せて、スプーンを挿したら出来上がり！

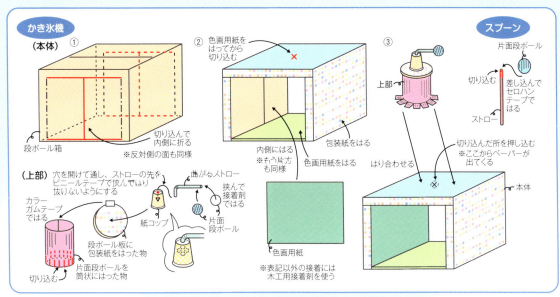

ジュース屋さん

ミカン、イチゴ、ブドウ、リンゴ、いろいろなジュースが入ったサーバーを使って、ジュースを注ぎます。気泡緩衝材を使って、タピオカ入りにすることもできます。

ジュースサーバー 作り方あり
ペットボトルのふたを開けて、フラワー紙を取り出します。

\ブドウですね！/

みかん 100えん
いちご 100えん
ぶどう 150えん
りんご 100えん

アイスクリーム屋さん

アイスクリームをコーンに詰めるディッシャーに、ソフトクリームマシーン……。思わず「やってみたくなる」楽しい道具がたくさん！

ソフトクリーム
紙芯にフラワー紙と綿ロープを巻き付けて、ソフトクリームの渦巻きを表現しました。

アイスクリーム
フラワー紙の色を変えて、いろいろな味にするといいですね。トッピングも工夫しましょう。

- 丸めた新聞紙をフラワー紙で包んだ物
- 色画用紙を円すい形に丸めてはった物

ソフトクリームマシーン（作り方あり）
お客さんが注文した味のソフトクリームを上から入れ、下のストッパーを外してカップに入れます。

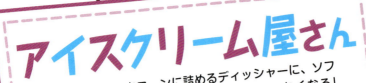

アイスクリームケース（作り方あり）
段ボール箱にミルク缶をはめ込みました。味ごとに分けて、アイスを入れておきます。

切り込みを入れてコーンを立てられるようにします。

店員さんの帽子
いつものカラー帽子に色画用紙のマークをはりました。

※紙パックで作るお店屋さんは、いろいろなお店に応用できます。作り方は94〜95ページに。

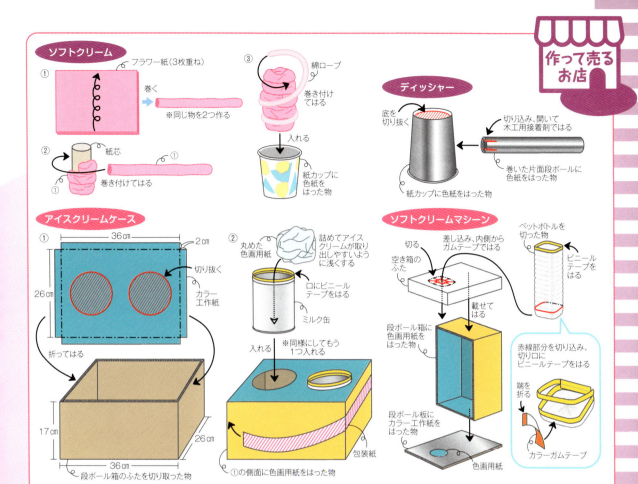

アイスクリーム屋さん

いろいろなアイスクリームを作ろう！

イチゴ、メロン、チョコレート……好きな味の
アイスクリームを作って、お店に並べましょう。

コーンアイス　作り方あり

フラワー紙を気泡緩衝材で包み、丸くした
アイスを色画用紙のコーンに入れます。

作ったアイスクリームを並べる
ときは、紙パックの台を用意し
ます。紙パックの上の面を切り
込んで、コーンを差し込めるよ
うにしました。

コーンアイス
① 気泡緩衝材
包んで丸め、セロハンテープではる
丸めたフラワー紙
② 中にセロハンテープではる
クレヨンで描く
段ボール板
色画用紙
描く
巻いてコーンの形にし、セロハンテープではる

チョコアイス　作り方あり

つや紙を巻いてはった紙芯
を、潰して少し平たくして
からトッピングの色紙をは
ります。

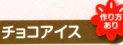

カップアイス　作り方あり

丸めたフラワー紙のア
イスを、紙カップに盛
りつけます。段ボール
板はスティック菓子の
イメージ。

ソフトクリームA

紙コップにすずらんテープを巻き付け、上から違う色のすずらんテープを巻いて渦巻きに見せるのがポイント。

ソフトクリームB

筒状に巻いた色画用紙の中心を引き出して、ソフトクリームの形にします。

チョコアイス

①
つや紙／巻いてはる／紙芯

② 軽く押し潰す
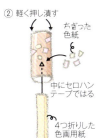
ちぎった色紙／中にセロハンテープではる／4つ折りした色画用紙／端を切る

カップアイス

①
丸めたフラワー紙／ちぎった色紙／紙カップ

②
細く切った段ボール板／色紙を巻いてはる／差してセロハンテープではる

ソフトクリームA

①
紙コップ／口同士を合わせてセロハンテープではる／紙カップ

②
すずらんテープ／何重にも巻き付けてセロハンテープではる／ちぎった色紙

③
渦状に巻いてセロハンテープではる／すずらんテープ（②と色違いで）

ソフトクリームB

※表記以外の材料はすべて色画用紙

①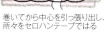
ずらし重ねてはる／のり代

②
巻いてから中心を引っ張り出し、所々をセロハンテープではる

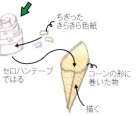
ちぎったきらきら色紙／セロハンテープではる／コーンの形に巻いた物／描く

たい焼き屋さん

スチレントレーを利用して作った、本物みたいな"たい焼き器"。焼き器に、たい焼きがすっぽり入るように作るのがポイント。

たい焼き器 （作り方あり）
スチレントレーに黒のガムテープをはったり、段ボール板に黒の色画用紙をはったりして、鉄板に見立てます。

空き箱に色画用紙をはったコンロの上に、たい焼き器を載せます。

たい焼き （作り方あり）
中に丸めた新聞紙を入れてふっくらさせました。

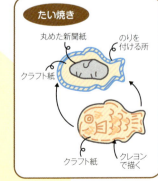

たい焼き
- 丸めた新聞紙
- のりを付ける所
- クラフト紙
- クレヨンで描く

作って売る お店

焼き器の片側を伏せて裏返します。

両面が焼けたら出来上がり。

店員さんの帽子
※作り方は92ページに。

作り方あり

包装紙

包装紙の袋に入れて、お客さんに渡します。

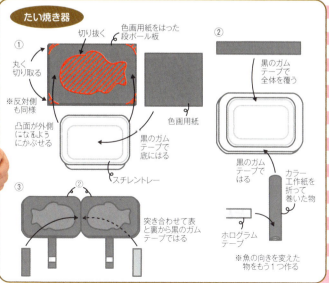

たい焼き器

ホットドッグ屋さん

紙芯のパンに、クレープ紙のレタスや、マスタードやケチャップを塗ったカラーポリ袋のソーセージを挟んで「どうぞ！」。

ユニフォーム 作り方あり
※帽子とタイ、エプロンの作り方は93ページに。

ホットドッグ 作り方あり
お客さんの注文に合わせて、レタスやソーセージを挟みます。

紙ナプキンで包み、お客さんに手渡します。

ホットドッグ

① 綿 / カラーポリ袋 / 包んでセロハンテープではる

② 透明ポリ袋に木工用接着剤を混ぜた絵の具を入れた物 / 絞り出し乾かす / セロハンテープで両端を巻き留め、折ってはる

挟む / クレープ紙 / 紙芯を1か所切り込み、しわを付けた色紙をはった物

シュークリーム屋さん

オーブンで皮を焼いたり、クリームを絞り出したりするまねをして楽しめます。シュークリームをたくさん作っておくといいですね。

作って売るお店

シュークリーム
① 紙カップの底を切った物
包んではる
しわを付けた色画用紙
② レジ袋を丸めてセロハンテープではった物
①と同様にして輪切りにした紙カップを包んだ物

オーブン 作り方あり
靴の空き箱や小さめの段ボール箱をベースにして作ります。クリアホルダーの窓を付けて、中が透けて見えるようにしました。

絞り袋
レジ袋に綿を詰め、色画用紙とカラー工作紙を円すい形にしてはりました。

ユニフォーム 作り方あり
※帽子とタイ、エプロンの作り方は93ページに。

シュークリーム 作り方あり

お待たせしました！

包装紙の袋に入れて、お客さんに手渡します。

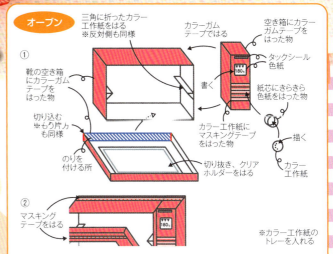

オーブン
① 靴の空き箱にカラーガムテープをはった物
三角に折ったカラー工作紙をはる ※反対側も同様
切り込む ※もう片方も同様
のりを付ける所
カラーガムテープではる
カラー工作紙にマスキングテープをはった物
切り抜き、クリアホルダーをはる
空き箱にカラーガムテープをはった物
タックシール色紙
紙芯にきらきら色紙をはった物
書く
描く
カラー工作紙
② マスキングテープをはる
※カラー工作紙のトレーを入れる

83

ポップコーン屋さん

テーマパークや映画館などでもおなじみのポップコーン屋さん。
段ボール箱で車を作り、移動販売風にしました。

店員さんの帽子

いつものカラー帽子に色画用紙のマークをはりました。

スクーパーを使ってポップコーン（模造紙を丸めた物）をすくいます。

スクーパー

作り方あり

紙パックに片面段ボールの持ち手を付けました。

紙コップに詰めて、お客さんに渡します。

スクーパー

① 紙パック／切る
② ①に色紙をはった物／丸シール／先を開いて木工用接着剤ではる／切り込む／片面段ボールを巻いて色紙をはった物

ポップコーンマシーン

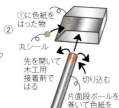

① 3.5cm／切り抜く／25cm／37cm／35cm／3.5cm／切り抜く／段ボール箱に色画用紙をはった物／はる／40cm／30cm／25cm

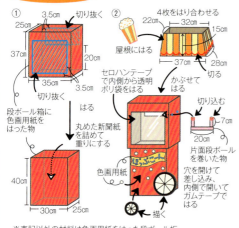

② 4枚をはり合わせる／22cm／32cm／15cm／屋根にはる／37cm／28cm／切る／セロハンテープで内側から透明ポリ袋をはる／かぶせてはる／丸めた新聞紙を詰めて重りにする／切り込み／20cm／7cm／片面段ボールを巻いた物／色画用紙／穴を開けて差し込み、内側で開いてガムテープではる／描く

※表記以外の材料は色画用紙をはった段ボール板
※表記以外の接着には木工用接着剤を使う

ポップコーンマシーン

作り方あり

屋根のスペースに紙コップを置くことができます。

ごっこあそびグッズ

ごっこあそびがもっと楽しくなる！
レジスターやお金、お店などの作り方を
紹介します。

レジスター

ボタンを押したり、バーコードを読み取るまねをしたりするのが楽しい！

レジスターA
作り方あり

空き箱のふたと底を生かして作ります。クリアホルダーの上に商品を載せて、バーコードを読み取ります。

巻いた紙を差し込む

レジスターB
作り方あり

スポンジのボタンを押したり、段ボール板の隙間にカードを通して読み取るまねをしたり。レシートも引き出せるレジスター。

レジスターC

大きな数字が特徴のレジ。バーコード読み取り機で値段を読み取るまねもできます。

作り方あり

箱を引き出してお金を入れます。

バーコードを読み取る部分はスポンジを使いました。

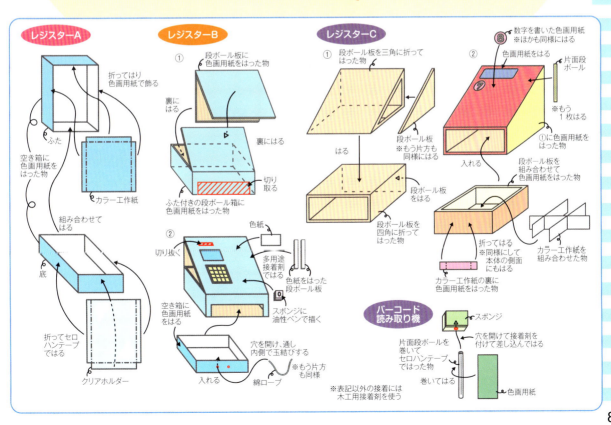

財布 & お金・カード

身近な素材で作れる財布と、イラストデータを印刷して作れるお金で、お買い物ごっこをもっと楽しく。

モールのストッパーを外して口を開きます。

封筒の側面を切り込み、お金を入れられるようにしました。

ウォレット
作り方あり

封筒に色画用紙をはった、お札やコインがたっぷり入る長財布。

パース
作り方あり

紙皿を2つ折りにして、端を折り込みます。チェーンリングのストラップでおしゃれに。

イラストデータのお金

イラストデータを印刷して、かわいいデザインのお金をスピーディーに作ることができます。カラーのデータは形に切ればそのまま使えます。モノクロのデータは印刷して色を塗るといいですね。

※ダウンロードサイトへのアクセスは16ページで解説しています。

お札は自由に金額を書き込んで使える

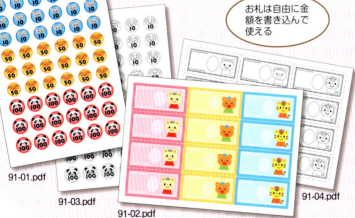

91-01.pdf
91-03.pdf
91-02.pdf
91-04.pdf

カード

ロゴとホログラムシールをはると本物らしくなります。

ホログラムシール
カラー工作紙に色画用紙をはった物
表
裏

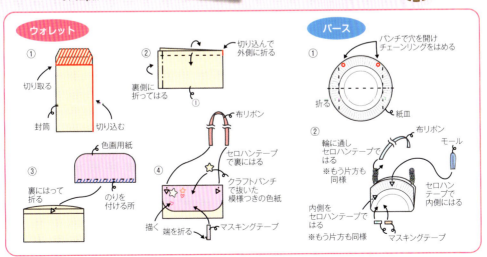

ユニフォーム

身に着けるだけで店員さんに変身できる、作りやすい帽子やタイ、エプロン。

帽子 A
作り方あり

不織布を2つ折りして袋状にはりました。不織布の色やマークを変えれば、ファストフードなど、いろいろなお店の帽子に。

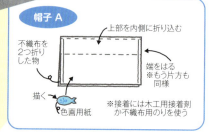

鉢巻き

色画用紙にクレヨンで模様を描いた、ねじり鉢巻き。おすしや麺類のお店、屋台などに。

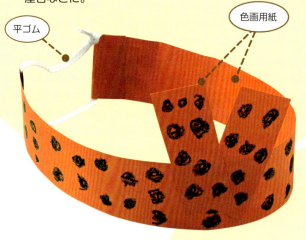

平ゴム　色画用紙

帽子 A

不織布を2つ折りした物
上部を内側に折り込む
端をはる
※もう片方も同様
描く
色画用紙
※接着には木工用接着剤か不織布用のりを使う

帽子 B
作り方あり

カラー工作紙で作る、サンバイザー風の帽子。お店のロゴやマークをはっておそろいでかぶると楽しい。

帽子 B

カラー工作紙　色画用紙
2cm
20cm
19cm
折る
輪にした平ゴム
12cm
折って引っ掛け、ホッチキスで留める
※針先はセロハンテープでカバーする
※もう片方も同様

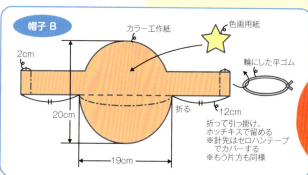

タイ A
スイーツのお店にぴったり！ 水玉模様の薄手の不織布で作ります。

ごっこあそびグッズ

タイ A
- 薄手の不織布を2つ折りした物
- 切り取る
- 平ゴムを通して結ぶ
- 薄手の不織布
- 巻いて不織布用のりではる

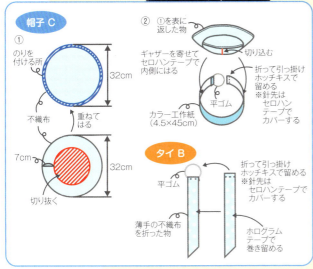

帽子 C
① のりを付ける所／不織布／重ねてはる／7cm／切り抜く／32cm
② ①を表に返した物／切り込む／ギャザーを寄せてセロハンテープで内側にはる／折って引っ掛けホッチキスで留める　※針先はセロハンテープでカバーする／平ゴム／カラー工作紙（4.5×45cm）／32cm

タイ B
折って引っ掛けホッチキスで留める　※針先はセロハンテープでカバーする／平ゴム／薄手の不織布を折った物／ホログラムテープで巻き留める

帽子 C
ホットドッグ屋さんやケーキ屋さん、いろいろなフード店員の帽子になります。

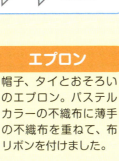

エプロン
帽子、タイとおそろいのエプロン。パステルカラーの不織布に薄手の不織布を重ねて、布リボンを付けました。

タイ B
おしゃれなスカーフタイ。ホログラムテープで巻き留めます。

お店

紙パックの柱に段ボール箱の支えを付け、段ボール板や布などで作った看板をはります。お店に合わせてデザインを考えると楽しいですね。

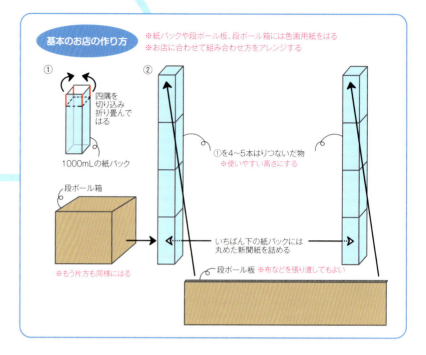

基本のお店の作り方
※紙パックや段ボール板、段ボール箱には色画用紙をはる
※お店に合わせて組み合わせ方をアレンジする

① 1000mLの紙パック　四隅を切り込み折り畳んではる

段ボール箱
※もう片方も同様にはる

② ①を4～5本はりつないだ物
※使いやすい高さにする

いちばん下の紙パックには丸めた新聞紙を詰める

段ボール板　※布などを張り渡してもよい

クレープ屋さん

柱を商品サンプルや値段などをはるスペースに活用しました。

アイスクリーム屋さん

アイスクリームケースの両サイドに柱をはって立たせます。看板は段ボール板に色画用紙をはりました。

回転ずし屋さん

柱は紙パック2本をはりつないだ物。メニューを通した綿ロープを張り渡し、奥を店員のカウンターにしました。

ごっこあそびをもっと楽しく!
食べ物せいさくレシピ150

食材写真ダウンロード

編著／リボングラス

保育者向け雑誌、書籍の企画・編集を得意とする制作会社。手作りおもちゃ、造形あそび、シアター、あそび歌など、保育の実技分野の書籍では、アイディアから手がけることも多く、本書でも、ごっこあそびグッズのアイディア・デザインと編集を担当した。編著書に『0.1.2歳児 育ちによりそう手作りおもちゃ70』『3.4.5歳児 せいさくあそび120』(いずれもGakken)など、編集を手がけた保育者向け書籍・雑誌多数。

staff

- ●表紙デザイン／長谷川由美
- ●本文デザイン／長谷川由美　千葉匠子
- ●製作／浅沼聖子　井坂愛　イシグロフミカ　磯亜矢子　出石直子　いわいざこまゆ
　　　　小沼かおる　きつ まき　高杉尚子　高瀬のぶえ　田村由香　neco　むかいえり
　　　　村東ナナ　やべ りえ　渡辺ゆかり
- ●イラスト／小沼かおる　小早川真澄　高橋美紀　neco
　　　　　　はっとりななみ　村東ナナ　渡辺ゆかり
- ●製作アイディア／浅沼聖子　磯亜矢子　出石直子　いわいざこまゆ　浦中こういち
　　　　　　　　高杉尚子　高橋美紀　neco　むかいえり　リボングラス
- ●撮影／戸高康博　冨樫東正　本田織恵　戸高元太郎
- ●モデル／クレヨン　スペースクラフトジュニア
- ●校閲／尾野製本所　学研校閲課
- ●編集制作／リボングラス